Supervivencias de una JEFAZA

Manual de liderazgo para directivas reales,
sin filtros y con dos tacones

ESTHER RUIZ MOYA
MARÍA DE LA PEÑA

Supervivencias de una JEFAZA

Manual de liderazgo para directivas reales,
sin filtros y con dos tacones

Segunda edición: mayo 2026
Depósito legal: SE 3785-202
ISBN: 979-13-7035-870-9

Impresión y encuadernación: Editorial Círculo Rojo

© Del texto: Esther Ruiz Moya, María de la Peña
© Maquetación y diseño: Ricardo Megías
© Ilustración de cubierta: Paula Fernández

Editorial Círculo Rojo
www.editorialcirculorojo.com
info@editorialcirculorojo.com
Impreso en España - Printed in Spain

SOBRE LAS AUTORAS

Esther Ruiz Moya

Desde niña entendió que las palabras tenían un poder secreto y, cuando soñaba, se imaginaba entre micrófonos, escenarios y mensajes capaces de transformar a las personas. La comunicación no fue solo una elección: es su manera de estar en el mundo.

Con más de dos décadas de experiencia en Dirección de Comunicación Corporativa y en los medios, también es Consultora y Formadora en Comunicación Estratégica; un referente para directivos, corporaciones y líderes que quieren comunicar con autenticidad, propósito y coherencia.

Sigue sintiendo un latido especial cada vez que se enciende un micrófono, se sube a un escenario o abre una nueva página en blanco.

Dirige la Revista ANTENA, colabora en diferentes medios nacionales e internacionales, es docente en programas de posgrado en España y Latinoamérica y miembro del Comité Editorial de 65ymás.

Autora del libro Cuando esto pase… y oradora TEDx, es vocal de la Junta Directiva de la Asociación de Profesionales de Radio y Televisión de España.

Premiada con la ANTENA DE ORO, Antena de Plata, Premio Editorial Círculo Rojo y diferentes reconocimientos a su trayectoria.

Una JEFAZA que ha supervivido a cambios, giros, reinicios y reinvenciones.

María de la Peña

María de la Peña es una de las voces más reconocidas del liderazgo humanista, y una de las pocas que une con naturalidad estrategia, talento e influencia desde la comunicación.

Actualmente es directora de Proyectos estratégicos de Talento y Comunicación en Atresmedia, donde impulsa la conexión entre negocio, liderazgo y comunicación para transformar la forma en que las organizaciones —y sus embajadores— inspiran y crecen.

Escritora y creadora de la metodología *HARKETING* (HR+Marketing), impactó en 2019 en la gestión del talento al fusionar *marketing* y personas, convirtiéndose en un referente en innovación dentro del ámbito de los recursos humanos.

Es miembro de la Comisión de Talento de CEIM-CEOE y representante en foros europeos sobre talento y futuro del trabajo, y ha sido nominada en tres ediciones consecutivas de las Top 100 Mujeres Líderes en España.

Conferenciante y colaboradora habitual en medios, comparte su visión sobre liderazgo consciente, comunicación y transformación cultural, inspirando a los líderes a dirigir con propósito, autenticidad y foco en las personas.

Como Alicia, lidera desde la curiosidad e invita a la autenticidad: porque solo cuando los líderes se muestran sin filtros, la comunicación se convierte en influencia real y las organizaciones crecen.

ÍNDICE

Prólogo

de Eva Serrano

Cuando una mujer se atreve a escribir desde la verdad, su valentía nos viste con su historia y nos ayuda, por fin, a ser. Su relato se convierte en espejo —a veces nítido, a veces roto— en el que nos miramos al amanecer con la duda prendida entre las pestañas: ¿valgo?, ¿puedo?, ¿resisto?, ¿sigo fingiendo… o empiezo, POR FIN, a vivir de verdad?

A veces no hay techo que nos limite, sino muros que levantamos nosotras mismas: hechos de miedo, de culpa y de esa absurda necesidad de ser impecables incluso cuando nadie nos lo exige. Admitirlo no nos hace débiles: nos hace libres. Cuando una mujer escribe desde la verdad y el humor, el reflejo no solo inspira: sana. Reírse de una misma es un acto de sabiduría, una forma de reconciliarse con la vida.

Alicia escribe como quien abre las ventanas de una casa tras la tormenta. Sus palabras huelen a café frío y a prisa, a castillos de arena que se deshacen cuando dejamos de mirar. Nos recuerda que la heroína contemporánea no lleva capa, sino agenda; que el liderazgo no se mide en correos respondidos, sino en pausas conscientes; y que, a veces, desconectar es el acto más valiente del día.

He conocido a muchas líderes —en despachos, empresas y hogares— unidas por un hilo invisible: la autoexigencia extrema disfrazada de compromiso. Crecimos hablando la autoexigencia como idioma materno y creyendo que amar era agotarse. Alicia nos invita a desaprender ese idioma, a soltar el piloto automático, a mirar de frente al "*síndrome de la Tiara*", al "*acantilado de cristal*" o al espejo roto de la impostora que nos susurra dudas.

Nos recuerda que la desconexión no es un lujo, sino inteligencia emocional; que el perfeccionismo no lidera equipos, los paraliza; y que el verdadero poder está en elegir qué no hacer, en descansar sin culpa.

Este libro no alecciona. Es una conversación entre iguales: mujeres que ya no compiten, sino que se reconocen y se sostienen en su imperfección.

Ahí reside la sororidad auténtica: en comprendernos, en aceptar que cada una es una pieza irreemplazable del engranaje que mueve este maravilloso mundo.

Leer a Alicia es mirarse al espejo sin filtros y descubrir que la impostora se desvanece cuando decidimos creer en nosotras.

Porque no se trata de poder con todo, sino de poder ser. Y cuando una mujer se permite ser —sin armaduras ni permiso— el mundo cambia:

no hace ruido, pero deja huella.

EVA SERRANO CLAVERO
Vicepresidenta primera de la Cámara de Comercio de Madrid.
Abogada asociada Deiuris Legal Partners.

Prólogo
de Pepa Gea

Este libro es un cuaderno de vivencias. Es lo primero que debe entender para poder perderse en los días de Alicia. Un cuento que recuenta las realidades con las que nos hemos encontrado todas. Mujeres que, durante el grueso de su vida, nos hemos desdoblado y nos hemos desvivido por todo y por todos sin que nadie nos aplaudiera y se asombrara de tal hazaña. Y la verdad, tampoco habríamos tenido tiempo de pararnos para recibir el reconocimiento.

Esta historia es un cajón lleno de pensamientos, frustraciones, injusticias y faltas de equidad que la mayoría aún guardamos en el altillo de nuestro armario. La gravilla que se nos mete en los zapatos de este camino que aquel día empezamos a andar cuando dijimos aquello de *"yo puedo con todo"* y no podíamos. Pero eso, qué más da, porque de eso solo nos dimos cuenta nosotras.

Dentro de unos años, las cosas que no hicimos nos pesarán más que las que conseguimos llevar a cabo. Así es la vida. Nadie nos agradecerá haber roto la cadena de convicciones y obligaciones domésticas machistas en el hogar, aunque se nos haya ido la mano y ahora ni el niño ni la niña hagan ni siquiera la cama porque, para que no haya diferencias, ya lo hacemos nosotras.

Nunca salimos corriendo. Haciendo pócimas de rabia, le pusimos magia a lo doméstico. Y con varitas de plumero intentamos hacernos respetar en lo profesional en esos años en los que el trabajo femenino era más una concesión que una ocupación. Nos hemos explotado a nosotras mismas. Esclavas de una vida para poder tener vida, qué ironía. Pero aun así, nos lo hemos pasado bien. Y lo volveríamos a hacer una y mil veces.

Porque no hay nada más hermoso que una mirada de vuelta que te despierta, aunque haya sido difícil, una sonrisa. Nos hemos despeinado yendo de cara al mal tiempo, ese que aún tiene muchas nubes que descargar en una sociedad seca que se agrieta en el reconocimiento del talento femenino.

Las cosas de Alicia en ocasiones serán sus cosas, ya lo verá. Porque son las de María y Esther, dos mujeres hechas de trozos de cemento y cerámica china, que de luchar saben un rato. Como tú. Como yo.

PEPA GEA
Periodista.
Directora y presentadora de Más de uno Madrid (Onda Cero).

Si crees que no tienes tiempo ni para leer esto o alguna vez has dirigido una reunión, un equipo y una familia en el mismo día y con el mismo moño, precisamente por eso deberías leerlo. No te enseñará a tenerlo todo bajo control, pero sí a dejar de intentarlo sin dejar de ser una JEFAZA.

APAGA EL PILOTO AUTOMÁTICO, ENCIENDE A LA JEFAZA

Introducción a un liderazgo consciente, humano y sin filtros

Hola. Soy Alicia, directora global de *marketing* en una multinacional farmacéutica que parece un parque temático de fuegos permanentes.

También soy madre de dos criaturas que han decidido que los lunes son el mejor día para hacer preguntas existenciales del tipo: «Mamá, ¿qué pasaría si no existiera el tiempo?» (gracias, querido Pixar).

En casa me llaman «la jefa»; en el trabajo me dicen que soy la líder de una de las áreas más estratégicas de la compañía, y yo, a veces, no sé ni cómo me llamo.

El otro día tocaba ir a la *ofi*, y después de derrapar en la puerta del cole, meter a mis hijos sin tocar el suelo y cruzar Madrid fundiendo el claxon, estaba en el *office* con la taza de café ardiendo, la cabeza en la reunión de las nueve y el corazón en el *tupper* que se quedó en la mesa de la cocina.

Cuando llego a las ocho de la mañana, te juro que tengo la sensación de «primera misión cumplida» del día. Ya estoy aquí, susurro cuando apago el motor del coche en el *parking*, aunque no me haya traído la comida (otra vez).

Le estaba lloriqueando a Mariví, la directora financiera, otra *superwoman* que tampoco va coja en responsabilidades.

—Chica, a veces me explota la cabeza, como dicen mis sobrinos. Pero no de buen rollo, sino de agotamiento, porque te juro que siento que no doy para más.

Que si los *KPIs*, que si el cierre de año, que si las evaluaciones, que si los presupuestos, que los TFG de mis alumnos. Y todo ello a la coctelera con la tutoría del pequeño, los *brackets* para el mayor, comprar el regalo de mi suegra y tener presente que todavía no tenemos nada reservado a dos meses escasos del verano. Eso sin contar mi revisión del gine, que, entre ocupada y perezosa, siempre la voy pasando de un mes a otro.

«Chica, que no, que no doy más». Y eso que soy una afortunada. Tengo al «moreno» conmigo, que es la mar de corresponsable y obediente en el peor de los casos.

Es más, en casa hace más labores que yo. Pero, siendo franca, la que lleva todos los *to do list* vitales en el coco (menos la ITV del coche), suelo ser yo. Y la planificación y el seguimiento también agotan.

Mariví, muy de números ella, me dijo:

—Bienvenida al club, amiga. ¿Tú sabes cuántas decisiones tomamos al día?

—¡Pues una barbaridad! —dije yo—. ¡Y desde que soy madre, más! ¿Quizá unas doscientas?

—No, querida. Según Kahneman, treinta y cinco mil decisiones diarias. Y solo el 0,2 % conscientes.

Mátame, camión.
Ahora estoy todavía más agotada solo de pensarlo.

Porque me parece a mí que, excepto el trapo que me pongo para salir por la puerta y lo que van a cenar los nenes esta noche (para que no repitan el menú del comedor), el resto no parece ser muy meditado.

Definitivamente, el piloto automático dirige mi vida. ¡Bienvenido, modo supervivencia!

Y claro, en casa eso te puede pasar factura con tus hijos, tu pareja o tu salud (que no es ninguna broma). Pero en el trabajo es directamente un lujo que no me puedo permitir si no quiero verme en la puerta del SEPE.

Porque ya algún día he decidido sin decidir y podía haberla liado parda.

Recuerdo un proyecto con un *partner* tecnológico en el que, por cansancio, exceso de reuniones sin fundamento y un evento pisándonos los talones, casi firmo una propuesta con una cláusula que podría habernos costado el presupuesto de todo un trimestre.

Y te juro que no por falta de conocimiento y rigurosidad, sino por falta de pausa. Por falta de una lectura atenta y consciente.

Por ir por la vida como las Grecas.

Gracias al universo que, al menos, mi escucha sí fue atenta a la compañera del equipo legal que me interceptó en el pasillo, en seco, y me dijo:

—Alicia, esto no me cuadra mucho. ¿Lo has revisado bien?

Y después de releerlo tuve que admitirlo: no. Había dado el ok en piloto automático.

Y no ha sido la única vez. Solo que esta vez, alguien me salvó de mí misma.

En mi caso, estamos hablando de consecuencias económicas y de mi consiguiente condición de desempleada. Pero ¿y si hubiera sido cirujana, jueza o astronauta? Pues la cosa habría dado para una serie de Netflix. Porque de ir a la Luna a visitar los anillos de Saturno hay un trecho.

Y tú, ¿vives también en piloto automático? ¿En qué momento te metiste en este bucle?
¿Eres directiva, jefaza o lideresa en la vida?
¿Te paras conmigo durante las próximas páginas?

No te arrepentirás: esto será más rápido y eficaz que cualquiera de tus Teams de lunes por la mañana.

Al grano.

Alicia Stiletto, una directiva sin filtros y con dos tacones.

Hay dos tipos de líderes: las que presumen de no tener tiempo y las que ya aprendieron a no regalarlo. Este capítulo te enseñará por qué el verdadero poder no está en la ocupación, sino en la elección.

EL GLAMOUR DEL "NO ME DA LA VIDA"

Dejar de glorificar el estrés y liderar con elección

¿Tienes un minuto? - me preguntó Vero de finanzas-, mientras nos cruzábamos el pasillo a toda velocidad. Y yo, con el café en una mano, el móvil vibrando en la otra y la cabeza en la agenda del día, le respondí con un "sí, claro" que en realidad quería decir "no tengo ni medio segundo, pero voy a fingir que sí para no quedar como una bruixa corporativa".

Y es que había entrado en el club de las "líderes de *luxe* al borde de un ataque de nervios". La agenda bloqueada de lunes a domingo, las reuniones encadenadas, y los correos contestados a las 23:48 hrs. Todo eran medallitas invisibles de *estatus*. Wow,…una mujer tan ocupada debe de ser porque es muy valiosa.

Y es que la ocupación extrema se ha convertido en el nuevo símbolo de *estatus*. La profesora Bellezza, de la *Columbia Business School*, lo llama "el *glamour* del ajetreo". Sí, señoras, parece que ya no presumimos de un Hermés, sino de no tener tiempo ni para respirar. Una señal al mundo de que nuestro talento es tan demandado que nuestro tiempo es el bien más escaso que poseemos.

Y yo, el único *glamour* que veo en el ajetreo es estar en las Maldivas de una isla a otra, pero paradójicamente muchas hemos pasado por esta corriente absurda del "no me da la vida" para vanagloriar nuestro talentazo. Y yo ya lo digo abiertamente, líder pringada hasta la médula.

En mayo viajé a Milán y quedé a tomar un *spritz* con Mandi, directora de *marketing* de una prestigiosa firma de moda que conocí en el máster. Le pregunté cómo gestionaba agosto (pensando que era igual de pringada que yo) y me miró como si hubiera matado a Manolete.

"En agosto yo no gestiono nada, Alicia. Estoy en la playa, punto. Si trabajas en vacaciones, algo no estás haciendo bien…". Me quedé pensando en lo distinto que es cada código. Mientras en unos sitios un cargo con tiempo libre es una insignia de *estatus*, riqueza y eficiencia, en otros puede llegar a significar hasta que eres prescindible.

A final de año seguía con mi particular proyecto de investigación, y en un congreso en Nueva York, coincidí con Brigit, otra ejecutiva de Silicon

Valley. Yo sabía que trabajaba jornadas maratonianas, pero jamás hablaba de lo ocupada que estaba ella. Al revés, presumía de tener tiempo para ir a hacer yoga a mediodía. En su entorno, lo realmente valioso no era el constante "no me da la vida", sino demostrar que era tan buena que podía permitirse parar. Allí, el tiempo libre volvía a ser símbolo de poder, pero no porque no trabajes una barbaridad, sino porque proyectas que eres tan eficiente que no necesitas estar siempre. Un poco de interpretación y postureo ¿no?… (me gusta más el modelo a la italiana de Mandi).

La revelación definitiva me llegó en un almuerzo con Eva en el Only You de Atocha, una mujer empresaria a la que admiro muchísimo y que una vez al mes me hace *mentoring* aderezado con un *poke bowl* de salmón. Entre bocado y bocado, le dije medio en broma: "En serio, estoy agotada Eva, todo el mundo me necesita, todo tiene que pasar por mí". Ella me devolvió la mirada con ironía y me soltó: "A lo mejor es que no les has enseñado a sobrevivir sin tí".

Mi cara fue un poema tras ese revés tan elegante. Pero tenía mucha razón, porque después de analizar más a fondo mi situación, nos quedó claro a ambas que yo tenía una clara tendencia a la microgestión de mi propia vida y la de mi equipo. "Eso no es liderar Ali, empieza a trabajar en un plan de acción".

A partir de ahí decidí cambiar las reglas del juego. Descubrí que tener tiempo es el verdadero señuelo de *estatus* y liderazgo. Y que delegar de verdad, no solo me liberaba tiempo y neuronas, sino que multiplicaba la autonomía y la confianza del equipo. Y mi bienestar también.

La categoría de la buena está en una agenda con huecos para aportar valor, para pensar, para innovar, para generar impacto, para el autocuidado y para hacer lo que te de la real gana. Si no, que le pregunten a Georgina.

Dejemos de glorificar el estrés continuo y vanagloriarnos de una agenda reventona como sinónimo de valor profesional.

Y tú ¿crees que estás midiendo tu valor por lo ocupada que estás o pareces? ¿eres o has sido víctima del *glamour* del ajetreo?

Aprendizajes de una hiperacelerada disfrazada de *superwoman*

Estar ocupada no te hace valiosa
Confundimos ser indispensables con ser valiosas. Pero estar desbordada no es una medalla, es una alerta. Liderarte es saber también qué no hacer.

La falta de tiempo no es un síntoma de éxito, sino de desorden
El *glamour* del ajetreo nos ha hecho creer que "no tener vida" es sinónimo de importancia. Y en realidad es un signo de que hemos perdido el control y el foco.

Delegar es un acto de liderazgo, no de pereza
Cuando todo tiene que pasar por ti, no eres imprescindible, eres cuello de botella. Enseñar a tu equipo a sobrevivir sin ti es el mayor legado que puedes dejar como líder.

El poder real es tener tiempo
Mientras en unas culturas el "no parar" se glorifica, en otras el verdadero *estatus* es poder parar. El tiempo libre no es un privilegio, es la consecuencia de la eficiencia y la confianza.

El bienestar también cotiza
Una agenda con huecos para pensar, crear, innovar o simplemente respirar no es un lujo: es estrategia. El futuro del liderazgo está en medir el impacto, no el cansancio.
Dejemos de glorificar el estrés y empecemos a celebrar el equilibrio. Porque la buena líder no es la que no para, sino la que sabe cuándo hacerlo.

Si alguna vez has revisado el correo en el móvil con crema solar en los dedos, este capítulo te está esperando. No va de playa ni de trabajo: va de aprender a estar donde estés, sin culpa y sin wifi. Porque a veces, liderar empieza por saber parar.

LIDERANDO HASTA CON SOMBRERO DE PAJA

La desconexión inteligente que multiplica resultados

Me he venido a Dénia con mi cuñada Susi y los nenes unos días.

Ella también está de vacaciones, pero contestando mails, respondiendo *WhatsApps* y grabando audios desde el chiringuito porque, total, «son dos minutos». Yo la miro y pienso: ¿Pero estás de vacaciones o teletrabajando? Yo esa lección ya la he aprendido. Me costó, pero la he aprendido. He pasado más veranos intentando mantener el equilibrio entre la sombrilla y la señal de *wifi* que disfrutando de las olas. Y sí, confieso que durante años me creí ese cuento corporativo de que una buena líder es una líder omnipresente: esa que responde en menos de cinco minutos, aunque esté con los pies en la arena y la crema solar chorreando en la pantalla del móvil.

Lo peor de todo es que lo hacía convencida de que eso me daba puntos. «Alicia está siempre ahí», decían. Claro, ahí… pero no aquí. Porque aquí estaba mi hijo Yago pidiéndome que mirara su castillo de arena y yo, aprobando las creatividades de la próxima campaña en la pantalla. Un día no lo miré, el castillo se derrumbó y el drama familiar fue más sonoro que la pérdida del cliente más *VIP*, os lo aseguro. Menuda la que liamos.

Ese verano fue mi máster acelerado en confundir presencia con disponibilidad. En septiembre me di cuenta de que no importó cuántos mensajes respondí desde la tumbona: el estrés fue el mismo a la vuelta que si no hubiera estado disponible. Y yo volví, por supuesto, mucho más agotada.

Al año siguiente decidí probar algo radical: desconectar de verdad. Pero desconectar en plan ninja: «no me llevo el portátil por si acaso». Le dije a Victoria y a Nuria, las personas de mi equipo que se quedaban en agosto, que solo me llamaran si ardía la oficina, literalmente.

Y no, no ardió. Victoria, mi número dos, tomó un par de decisiones y, aunque el primer día revisé el móvil cada diez minutos como si fuera una madre primeriza con la cámara vigilabebés, el segundo día ya dejé de abrirlo.

Cuando regresé, tenía la cabeza tan despejada que, en una semana, resolví temas que llevaban meses encallados. Y descubrí que la productividad y las ideas no venían de estar disponible 24/7, sino de darme permiso para descansar sin interrupciones.

Ahora considero el descanso como parte del plan estratégico. Porque cuando te quitas de en medio, tu equipo aprende a resolver sin ti, y ahí es donde tu liderazgo deja huella de verdad.

Y lo confieso: delegar ha sido una asignatura pendiente durante mucho tiempo. No porque no confiara en mi equipo, sino porque no confiaba en que las cosas salieran o se hicieran como yo quería. Vamos, una controladora de manual. Pero hubo un momento de agotamiento que me obligó a ello. Y solté. Y vi que mis preciosos pececillos no solo sobrevivían, sino que nadaban de maravilla sin mí todo ese tiempo. ¡Qué orgullo, *well done*!.

Romper con el mito del liderazgo siempre disponible y apostar de verdad por la salud mental y el bienestar de las personas también es un tema cultural. Venimos de culturas de trabajo donde estar presente —física o digitalmente— es sinónimo de compromiso. Y claro, desapareces unos días y sientes esa punzada de culpa. Por eso me gusta citar aquí a una crack, Arianna Huffington, que lo dijo sin anestesia: «Nos estamos quedando dormidas en el trabajo, y no de la mejor manera».

Hoy lo tengo claro: liderar no es estar siempre, sino saber cuándo no estar.

Y eso, amigas, a mí me ha costado más que implantar el último módulo de SAP.

Ahora miro a mi cuñada Susi y me veo hace unos años. Ese «son dos minutos» que luego son diez, ese estar «solo revisando algo» mientras la vida ocurre alrededor. Me tienta decirle que su proyecto sobrevivirá, que el negocio seguirá de pie estos quince días —y se lo diré—, pero seguramente necesite su propio castillo derrumbado y ver a mi sobrino Rodrigo desatado para darse cuenta.

Y tú, ¿desconectas o estás de guardia permanente?

Aprendizajes bajo el sombrero de paja

Estar siempre no es liderar
Responder desde la tumbona no te hace más comprometida, solo más cansada. El liderazgo real no se mide en *mails*, sino en la confianza que dejas cuando no estás.

Delegar no es perder el control, es ganar libertad
Cuando tu equipo puede volar sin ti, es cuando de verdad estás liderando. El miedo a soltar es el verdadero freno.

La desconexión también es estratégica
Descansar no es un lujo, es un acto de liderazgo consciente. Porque una mente descansada piensa mejor, decide mejor y crea mejor.

La culpa es un residuo cultural, fin
Nos educaron para creer que desaparecer es desleal. Pero ausentarse a tiempo es, muchas veces, el gesto más inteligente de presencia.

El castillo de arena no es una metáfora: es una alarma
Cada vez que miras la pantalla en lugar de mirar lo que importa, se derrumba un poco. Y la arena se recompone, pero los momentos, no.

El perfeccionismo no siempre es amor al detalle, en ocasiones, es miedo disfrazado de excelencia. Recuerda que la exigencia de ser perfecta, te roba la libertad de ser brillante.

PERFECTAMENTE IMPERFECTA

Soltar la regla 10/10 y el perfeccionismo

Hoy he redactado un correo diecisiete veces. Sí, el mismo. Sí, diecisiete.

Porque la coma iba mal. Porque el tono podía sonar seco. Porque quizás "Saludos cordiales" no era tan cordial como "Un abrazo fuerte". Porque, a lo mejor, un "abrazo" puede malinterpretarse… En fin, diecisiete versiones para decir lo mismo: "Gracias por el informe, lo reviso y te comento".

A veces pienso que, si el perfeccionismo cotizara en bolsa, yo sería Bill Gates.

Y eso no es todo. Mi día empezó temprano, cuando decidí repasar la presentación que ya estaba lista desde hace dos días, pero que no envié porque "quería afinar detalles", lo que en mí significa "bienvenida al infierno de nunca acabar". Dos horas después había cambiado la paleta de colores, la tipografía y hasta el nombre del proyecto (porque, claro, seguro que Estrategia 2026 no suena tan inspirador como Horizonte 26)… o meterle algún anglicismo, que eso siempre funciona, aunque nadie sepa qué demonios significa.

El problema de ser perfeccionista no es querer hacer las cosas bien —eso está genial—; el problema es cuando el listón está tan alto que solo un ser superior y todopoderoso, o puede que una inteligencia artificial, podrían superarlo (y ni eso, porque seguro que yo encontraría una coma mal puesta en su informe. ¡Sin duda!).

A media mañana, cuando Mariví venía a por mí para tomarnos un café, me encontró pegada a la pantalla, mirando el logo de la marca con una intensidad sospechosa.

—¿Lo estás mirando o lo estás juzgando? —me dijo, riéndose.
—Lo estoy rediseñando —contesté sin apartar la vista—.
—Alicia, déjalo ya, por favor. Nadie va a notar que el azul es medio tono más oscuro.

Y ahí estaba, la voz de la cordura. Pero no la escuché y seguí a lo mío. Porque el perfeccionismo es lo que tiene: cuando se apodera de ti, no atiende a razones.

Al final de la tarde, después de no sé cuántos cafés, un estrés innecesario y una cantidad innumerable de pestañas abiertas en el navegador, entregué el documento. Y sí, a todo el mundo le pareció perfecto... lo que ellos no sabían es que así estaba desde el principio.

Y, en ese momento, completamente agotada, me di cuenta de que el perfeccionismo no es una virtud, es una trampa recubierta de brillantina. Te hace sentir que tienes el control cuando, en realidad, es ella la que te tiene controlada a ti. Te roba tiempo, energía, espontaneidad, efectividad... Y lo peor: la capacidad de disfrutar de lo que haces, convirtiéndola en una inseguridad infinita.

La cantidad de oportunidades que se nos escapan por esperar el "momento ideal", la versión definitiva, la frase redonda... Y no solo hablo de trabajo. Dice mi amigo Manu que "mejor hecho que perfecto", y a mí, que me parecía una frase hecha, hoy le he encontrado el sentido: a veces, es mejor entregar algo bueno a tiempo que algo perfecto cuando ya no se necesita. Eso, en el supuesto de que lo perfecto exista; que, en realidad, puede que ni siquiera exista.

Prefiero una imperfección que me deje vivir a una perfección que me quite la vida. Eso sí, ¡los PowerPoint los sigo queriendo impecables!

Aprendizajes para abrazar la imperfección

☑ **Dejar de intentar ser perfecta no te hace menos capaz, te hace más libre**
Cuando dejas de perseguir el resultado perfecto, recuperas tiempo, aire y perspectiva. Te das permiso para avanzar sin miedo, tomar mejores decisiones y equivocarte sin hundirte.

☑ **La humanidad lleva implícita la imperfección y la autenticidad. La perfección es una estafa laboral y emocional**
El perfeccionismo promete seguridad, pero entrega toneladas de ansiedad. Te hace creer que controlas todo... justo antes de recordarte que no será suficiente. Aceptar que somos humanas no nos resta profesionalidad: nos vuelve reales, cercanas y auténticas.

☑ **La versión más poderosa de ti no es la que no falla, sino la que no se castiga por hacerlo. La que cambia la culpa por la aceptación**
No necesitas coleccionar aciertos para demostrar tu valor. Aprende a mirarte sin juicio y a abrazarte si lo necesitas. Tu poder no aparece cuando te exiges más sino cuando te tratas mejor.

☑ **El "suficientemente bien" no tiene por qué ser mediocre: es inteligente, práctico y estratégico**
La excelencia no está en pulir hasta desgastarte, sino en saber cuándo parar. A veces "bien" es mejor que "perfecto". Se trata de ser tu mejor amiga no tu peor enemiga.

☑ **La excelencia no nace de la obsesión, sino de la confianza**
Piensa que tu nivel de tu autoexigencia no es un estándar universal: El 80% de tu "no está listo" es el 100% del "qué maravilla" de los demás. Confía más en ti: el resto confiará también.

A veces, la mayor mentira no viene de fuera, sino de esa voz interior que nos convence de que no merecemos lo que ya hemos logrado.

EL ESPEJO ROTO

Reconocer y vencer al síndrome de la impostora

Soy directiva en una multinacional. La primera mujer que llegó a este puesto en toda la historia de la compañía. Mi oficina es tan grande que puedo hacer una maratón en ella sin toparme con nada; lo he comprobado en los kilómetros que hago en cada llamada. Vamos, que completo los anillos del Apple Watch en una hora de teléfono.

Las decisiones que tomo afectan a cientos de personas. He impartido ponencias y participado en mesas con figuras internacionales; la gente me respeta, incluso me aprecia (o eso parece…). Llevo las cuentas de las marcas más reconocidas. Y, a pesar de esta "aparente brillantez", hay días en los que me despierto temblando porque no me siento capaz. Esos días en los que, bajo el disfraz de "ejecutiva exitosa", está el de "impostora profesional".

Hoy es uno de esos días. Entro en la sala de juntas con la mejor de mis sonrisas: reunión para la revisión trimestral de resultados con uno de nuestros mejores clientes y propuesta de estrategia de nuevo negocio. Siento esas miradas puestas en mí que dicen: "Esta mujer es increíble. ¡Qué seguridad! Lo tiene todo bajo control".

Y es entonces cuando escucho la voz de esa Alicia que me hace pequeña y que resulta ser mi peor enemiga; la que se cuela en mis pensamientos susurrándome: "No eres suficientemente buena, no puedes, te van a descubrir, no eres merecedora, no perteneces, lo van a rechazar…".

Termina la reunión y ha sido todo un éxito, pero yo aún sigo con ese nudo en el estómago y la boca seca. Llego a mi precioso y gigante despacho, donde aún parezco más diminuta. Me siento en mi cómoda silla de piel blanca, flanqueada por pizarras llenas de ideas, dibujos, pósits de colores; rodeada de reconocimientos, fotos, diplomas, campañas exitosas, mis flores y velas favoritas, montañas de cuadernos y papeles que podrían rivalizar con la Torre de Pisa… y me atraviesa otra vez un pensamiento: "¿Y si todo esto es un accidente? Una suerte de estafa o una casualidad…".

De repente, me descubro mirándome en la inmensa cristalera, viendo mi reflejo distorsionado, intuyéndome más que reconociéndome, como en aquellos espejos de los parques de atracciones en los que la imagen que te devuelven al mirarte no es realmente la tuya. Y, al perder la mirada en mi reflejo, despierto y me pongo de pie. Es ahí cuando me reconozco: con mis miedos, mis imperfecciones, mi vulnerabilidad… y también con la seguridad de que, si fuera un *bluf*, ya me habrían descubierto y estaría, como dicen ahora, "emprendiendo nuevos retos profesionales", o lo que es lo mismo, en la calle.

La ironía de todo esto es que, cuando entra Mariví con unos cafés, lo comparto con ella y coincidimos en que estas pequeñas impostoras suelen cercarnos a nosotras, las mujeres. Comienza a decirme cómo me ha visto en la junta y terminamos haciendo una especie de terapia, confesándonos cómo nos vemos la una a la otra y, oye, que nos ha dado subidón. Casi hemos pasado de ser simples e imperfectas mortales a diosas del Olimpo.

¡Cómo somos! ¿Por qué nos costará tanto mirarnos con los ojos con los que nos ven los otros? ¡Ay, si en vez de regañarnos nos abrazáramos más o, al menos, de vez en cuando!

Somos auténticas, únicas, merecedoras, profesionales… ¡humanas! Y no lo sabemos todo, ni tenemos por qué, por muy directiva que seas y mucho despacho que tengas. Dudar no te hace menos capaz y, además, reconocerlo es hasta liberador.

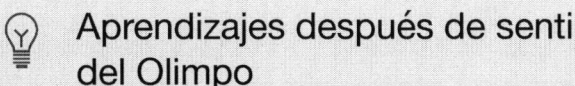

Aprendizajes después de sentirte Diosa del Olimpo

☑ **La voz que más cuestiona tu talento no está fuera, sino dentro**
Las dudas internas son más persistentes que cualquier comentario externo. Si escuchas un "¿seguro que tú?", respóndele con un "sí, claro que sí".

☑ **Eres merecedora, por supuesto; solo necesitas creértelo**
Si has llegado hasta aquí no es por suerte, es por trabajo, por criterio, por valentía y por un talento que no viene en los *PowerPoints*. No tienes que achicarte ni esperar la aprobación de otros. Cuando dudes, acuérdate de ese grito de autoafirmación de L'Oréal: *"Porque yo lo valgo"*.

☑ **Si aparece la impostora, llama a una amiga que te recuerde quién eres —y si es con una copa de vino, mejor**
Las amigas son antídoto, espejo y red de seguridad: Un todo en uno. Una conversación honesta, un abrazo, un vino y dos risas tienen más poder que cualquier manual de autoayuda. A veces, solo necesitas parar y que quien te quiere te recuerde que "eres una *crack*".

☑ **Tu éxito no es un accidente: es una estadística**
Los resultados, los reconocimientos, los proyectos que has sacado adelante, las veces que te eligieron… no son fruto de la casualidad. Piensa que si fuera suerte, ya se habría acabado. El dato mata al relato.

☑ **No necesitas encajar sino reconocerte**
Estamos acostumbradas a ir "enmascaradas", adaptarnos al molde, al estándar, al tono "correcto"… Pero el liderazgo empieza cuando dejas de intentar parecerte a la versión aceptable de ti misma y empiezas a mostrar tu versión real. La que se mira al espejo y se reconoce.

Sentir no te resta profesionalidad porque la sensibilidad no es debilidad; es la inteligencia emocional que humaniza el liderazgo.

DEMASIADO SENSIBLE PARA ESTE PUESTO

La sensibilidad no es debilidad, es parte
de la condición humana

Nunca he sabido muy bien cómo reaccionar cuando me dan un premio. Me maravilla quienes suben al escenario con aplomo, sonrisa de portada y un discurso impecable.

Yo, en cambio, lo primero que pienso es: ¿se habrán equivocado?

Porque, seamos sinceras, a las mujeres nos cuesta creernos merecedoras y lo del aplauso como que nos da pudor. Decimos "ha sido un trabajo en equipo", "esto no es solo mío", "no habría sido posible sin…" y nos escondemos detrás del plural, no vaya a ser que alguien piense que somos tan pretenciosas que nos lo creemos.

Recuerdo cuando me concedieron el premio empresarial "Reconocida" por mi trayectoria profesional. Mi primera reacción, cómo no, fue mirar el correo dos veces y examinarlo con precisión criminalística, no fuera un *spam* y me estuviera haciendo falsas ilusiones. La segunda, pensar qué me iba a poner, claro —una puede dudar de su mérito, pero nunca de su outfit—.

Y llegó el gran día: *photocall*, focos, medios de comunicación, políticos y un montón de hombres con corbata hablando de mujeres y de liderazgo femenino como quien describe una especie exótica; entre ellos destacaba un señor con traje gris y zapatos marrones que, parece ser, llevaba presidiendo asociaciones empresariales desde que el fax era tecnología punta y, como no podía ser de otra manera, me saludó con un "hola, guapa", seguido de un par de besos y su mano en mi cintura.

Cuando llegó su turno de subir al escenario, el eterno presidente comenzó un discurso con ese tono paternalista y "campechano" tan característico; entre bromas, risas y clichés, soltó su gran reflexión:

—Si hay algo que envidio de las mujeres, es vuestra capacidad para llorar, para emocionaros… eso os hace especiales.

Y yo, en primera fila, con esa sonrisa diplomática que disfraza la indignación. Reconozco que me había preparado un discurso lleno de gratitud y amabilidad sobre el trabajo en equipo y los retos del liderazgo, acordándome de mis comienzos, de quien me había ayudado en cada etapa… Cuando dijeron mi nombre, me temblaba todo, no solo por emoción, sino por esa especie de rabia contenida que te pide no callar más. Así que respiré hondo y, tras agradecer el reconocimiento, improvisé el cierre:

—Gracias, además, por recordarnos con palabras como las que acabamos de escuchar, por qué es necesario seguir peleando cada día por una igualdad real. Porque, amigos, las lágrimas no son debilidad. No son una cuestión de género. Son humanidad. La sensibilidad nada tiene que ver con la capacidad ni nos convierte a las mujeres en seres especiales. Esta es una noche para celebrar, también, para reivindicar y para desear que pronto sea una mujer quien lidere a empresarios y empresarias. ¡Muchas gracias de corazón! ¡Buenas noches!

No sé si por el desahogo o por los aplausos, pero, me quedé tan a gusto y por fin sentí que ese premio tenía todo el sentido.

Desde entonces, cada vez que escucho lo de es "demasiado sensible para este puesto", sonrío de manera condescendiente. Porque esa sensibilidad, precisamente, es la que hace falta en un mundo donde algunos siguen confundiendo empatía con debilidad.

Así que sí, me emociono y también me indigno y río y me enfado y si hace falta, lloro… pero también facturo, que diría la canción.

Aprendizajes entre emociones y decisiones

☑ **La sensibilidad no es debilidad; es un súperpoder**
La sensibilidad te permite ver más allá, incluso lo que otros no ven y reaccionar con inteligencia. La capacidad de sentir y conectar con otros fortalece tu influencia y autoridad. No eres frágil, eres extraordinariamente humana.

☑ **Sentir no resta autoridad: la multiplica**
Mostrar emociones no disminuye la profesionalidad, sino que genera confianza y cercanía. La emoción bien gestionada impulsa la acción, fomenta la resiliencia y cohesiona equipos.

☑ **El mundo necesita líderes que sientan y se emocionen**
Las emociones revelan las diferentes realidades que vivimos, nuestras necesidades y las de quienes nos rodean. Ignorarlas no hace más fuerte a un líder.

☑ **Si las emociones incomodan es porque están removiendo lo que necesita un cambio**
La incomodidad frente a la sensibilidad, propia o ajena, suele ser señal inequívoca de transformaciones necesarias. Reconocer las emociones es un paso crucial para cualquier organización. Si tus emociones molestan, el problema no lo tienes tú.

☑ **Reivindicar la voz propia es un acto de liderazgo**
Hablar desde la autenticidad fortalece tu presencia y te da credibilidad. Cada palabra que denuncia prejuicios o estereotipos contribuye a cambiar la cultura de la empresa y la sociedad.

Definir un objetivo es fácil. Cumplirlo sin morir entre urgencias, egos y reuniones eternas, eso ya es deporte olímpico. Este capítulo va para las que quieren pasar del PowerPoint a la realidad sin perder el glamour… ni la cordura.

CÓMO FIJAR OBJETIVOS Y OTROS DEPORTES DE RIESGO

Objetivos que viven en la agenda, no en el póster

Recuerdo cuando lanzamos los *OKR* (la nueva versión molona y ágil de los objetivos) este año. Fue precioso.

Nuevos objetivos. Toda la empresa alineada, un hotelazo para el *kick-off* y un *catering* de diez.

A tope con los valores corporativos y las palabras mágicas que te elevan a un metro del suelo: FOCO, IMPACTO, INNOVACIÓOOON. Todos enchufadísimos a la causa.

Me tocó exponer la parte de *Marketing*. Y salí al estrado sintiéndome casi como Steve Jobs presentando el primer iPhone: «Hoy, señoras y señores, hemos hecho historia». Qué *glamour*, chica, qué subidón.

Spoiler: la historia duró poco. Los *OKR* (*Objectives and Key Results*) pasaron a ser los *OKR*, Objetivos Ke Raramente se cumplen, en cero coma.

Porque, lógicamente, cuando se apagan las luces del *kick-off*, empieza la vida real: prioridades cruzadas, urgencias de última hora, campañas que se alargan, giros y crisis existenciales de la dirección… y tus objetivos ahí, visitándote en sueños como fantasmas, pero sin aparecer por la oficina.

Sin paños calientes. Dos semanas después, en el mismo equipo que había definido con los ojos chispeantes que íbamos a «incrementar en un 30 % el *NPS*», estábamos discutiendo si hacer otra campaña en Instagram porque al CEO le gustó mucho una que vio de la competencia.

Ejem, ejem… Venga, seamos constructivos. Démosle una vueltecita al tema, aunque sea solo porque el *kick-off* costó una pasta gansa.

Y le dimos la vuelta. El error más común que vimos en mi compañía (y que confieso haber cometido también) es pensar que definir un objetivo ya era suficiente. Lanzar el titular con fuegos artificiales y pensar que lo veremos cumplido con la llegada de Melchor, Gaspar y Baltasar.

Pues no. No se cumplen solos. Porque, ¿sabes qué pasa cuando no tienes revisiones periódicas y no mides de forma abierta? Que todo el mundo dice que está avanzando, pero nadie sabe si es verdad. Y no suele serlo.

Porque nos absorbe el frenesí de nuestra querida compañía y seguimos abonados a la rutina de atender lo urgente para dejar atrás lo importante.

Hasta que entendimos, una vez más, que el problema era la cultura y que, aparte del *catering*, habría hecho falta también un buen *training* (que también termina en ing pero no es lo mismo) para todos los implicados. Porque si defines algo espectacular, pero luego en el día a día nada cambia, no sirve.

Si los lunes no revisas avances, si el líder de equipo no se lo toma en serio y si nadie siente que puede pararlo todo en un momento dado y decir: «Oye, hay que revisar esto de nuevo porque no tiene mucho sentido»… entonces, no importa cuánto te esfuerces en redactar un buen objetivo. Morirá. Vamos, que no llega vivo el pobrecito mío ni al final del trimestre.

Te lo digo yo por experiencia. Y porque, después de meses de castañazos y aprendizajes, hoy puedo decir, con luminosos, que en mi equipo los *OKR* funcionan.

Y no porque los bordemos, sino porque los trabajamos, los sufrimos y los revisamos cada semana, sin falta. Y con mucha disciplina.

Y porque un día decidí que, si quería que mi equipo tomara los *OKR* en serio, yo, como líder, tenía que empezar a vivirlos como una herramienta, no como una obligación.

Hazme caso: la diferencia entre estrategia y humo es la disciplina en la ejecución. Y en eso, quien tiene el liderazgo, tiene mucho que decir.

Aprendizajes entre emociones y decisiones

Los PPT no cumplen objetivos. Las personas, sí
Los objetivos no se consiguen en el escenario del *kick-off*; se conquistan los lunes, en la reunión de seguimiento.

Los *OKR* no son pósteres motivacionales
Son brújulas, no cuadros decorativos. De nada sirve tener un «incrementar *NPS* un 30 %» enmarcado, si cada semana se decide por instinto o por el capricho del *CEO* de turno.

El problema no es la estrategia, es la falta de disciplina
La diferencia entre plan y realidad está en la constancia. La estrategia no fracasa por mala, fracasa porque se abandona al primer incendio.

Liderar es convertir la inspiración en hábito
Si el líder no se toma los objetivos en serio, el equipo tampoco lo hará. La cultura se modela con gestos pequeños y repetidos: revisar, corregir, insistir, adquirir hábitos.

La diferencia entre estrategia y humo es la disciplina en la ejecución
Cualquier empresa puede proclamar foco en mayúsculas. Pero solo las que miden, corrigen y sostienen conversaciones incómodas consiguen que esos valores dejen de ser postureo corporativo.

Si sigues esperando que alguien te reconozca por hacer las cosas bien, si crees que el mérito se premia solo por existir… este capítulo es tu bofetada con purpurina. Nadie va a venir a coronarte. Y eso, querida, lejos de un drama, es una gran noticia.

EL DIA QUE ME CANSÉ DE BRILLAR EN SILENCIO

Visibilidad estratégica para mujeres que lideran

Cenicienta y Blancanieves esperaban el beso del príncipe, y yo, la tiara que me iba a colocar mi CEO en cuestión de poco tiempo. Así de triste. Menos mal que me di cuenta a tiempo de que el mundo empresarial es muchas cosas, pero vidente —tipo Rappel—, no.

Durante años he sido víctima del famoso síndrome de la tiara: ese que dice que, si haces las cosas muy bien, si eres profesional, eficiente, leal y, en definitiva, brillante, seguro que llegará un día en el que alguien vendrá a coronarte.

Spoiler: no viene nadie. Y, a veces, no recibes ni un triste «gracias».

Sin ir más lejos, el pasado lunes estábamos revisando los resultados del último trimestre. Yo había trabajado durante las vacaciones de Navidad (sí, esas donde me prometí varias veces no abrir el portátil), pero no tuve alternativa porque algunos reportes de la junta directiva llegaron, cómo no, «para el día de Reyes».

La realidad es que el nuevo informe de resultados era, básicamente, mi criatura. Pero ahí estaba yo, en silencio, escuchando a mi jefe hablar de los «buenos números» como si se hubieran materializado por arte de magia.

Y lo peor: yo, una vez más, no dije nada.

Calladita estás más guapa, Alicia. Y más cómoda también. No pedí intervenir. No aclaré que algunos *KPIs* clave los propuse yo. No conté que estuve tres semanas trabajando en la estrategia con mi equipo mientras medio mundo veía *The Crown* en Netflix.

¿Y por qué no lo hice? Por la puñetera vocecita interna de siempre: No seas pesadaaa, no presumaaas, sé discreta y humilde… el éxito y el buen trabajo ya hablarán por ti… ya te lo reconocerán… llegará el momento…

Spoiler nº 2: no lo hicieron. Ni lo van a hacer, por supuesto que no.

Pues ya me he hartado. Y, cuando toca, me trago la humildad y hablo en las reuniones lo que tenga que hablar. No desde la soberbia, sino desde la dignidad y la justicia de un trabajo bien hecho. Y de la manera más elegante que puedo. Y aunque confieso que, a veces, me ha temblado hasta la voz, hablo. Y hablo de mis logros.

Para superar las primeras veces, empecé en cada reunión proponiéndome, al menos, una intervención. Se lo dije a Mariví —que también está en el comité— para comprometerme todavía más, y cuando ella veía que no arrancaba, abría los ojos como la rana Gustavo y me daba un puntapié por debajo de la mesa.

Y no, no soy más humilde por callarme ni menos profesional por decir: «Estoy muy satisfecha de haber liderado este proyecto y conseguir mejorar los *KPIs* en un 40 %». Todo lo contrario: es lo que hay que hacer. Y cuando lo haces, te sientes muy bien.

Gracias, Mariví, por tus miradas asesinas de ¿A qué esperas? en aquellos primeros comités donde la tiara me la puse yo solita, por si no me la ponía nadie.

Aprendizajes para perder el anonimato

El talento no hace ruido… aunque debería
Durante años nos educaron para creer que la humildad era elegancia. No lo es cuando se convierte en invisibilidad. Hablar de tus logros no es vanidad, es visibilidad. Y aportas valor. Mucho valor.

Nadie viene a coronarte
El síndrome de la tiara es cómodo: esperas reconocimiento sin pedirlo. Pero, en el mundo corporativo, si no te pones la corona tú, acabarás viendo cómo otros se la plantan sin haberla merecido.

Callarse también cansa
Callarte por educación, por no incomodar, por no parecer «ambiciosa» o «poco humilde»… desgasta. Cada silencio resta valor a tu trabajo y refuerza la idea de que ya el trabajo hablará por mí. No lo hará.

La voz también es una herramienta de liderazgo
Defender tu trabajo no es arrogancia, es coherencia. La verdadera autoridad se ejerce con voz propia, incluso cuando tiembla. Porque callar no inspira; hablar, sí.

La tiara se conquista, no se espera
La primera vez que dices esto lo lideré yo, algo cambia. El miedo se encoge y la autoestima se endereza. No es soberbia, es justicia profesional. Y eso —como diría Mariví, con su mirada asesina— hay que practicarlo hasta que salga natural.

> La humildad no consiste en esconder lo que haces bien. Nunca, nunca pidas disculpas por brillar.

¿Alguna vez te han "ascendido" con tanto
entusiasmo que no sospechaste que en realidad te
estaban entregando una granada con lacito?
No eras tú, era el sistema. Y este capítulo te lo va
a contar sin azúcar y con mucha verdad.

CUANDO ME NOMBRARON CAPITANA DEL TITANIC (HACIENDO AGUAS)

Recursos, autoridad y límites para no arder en el cargo

Dos horas hablando en la cafetería de abajo con mi hermana Marga. Estaba desolada, con un sofocón de narices. Otra *superwoman*. La ascendieron justo después de la pandemia, y si le hubieran dado un euro por cada vez que alguien le dijo «¡enhorabuena por tu ascenso!», ahora mismo estaría literalmente en la Toscana, con una copa de vino en la mano y el sueño cumplido de cualquier directiva lúcida: cero correos pendientes.

Pero no. Está lamiéndose las heridas, sorbiendo el café y con el móvil contestando correos continuamente, más quemada que la cafetera de la oficina un lunes. Menudo caramelito envenenado.

No todos los ascensos son una victoria. Hay ascensos que vienen disfrazados de gran oportunidad y, en realidad, vienen con fecha de caducidad, olor a chamusquina y reducción de «la elegida» a cenizas.

Todo empezó cuando le ofrecieron liderar el proyecto de reestructuración digital de su empresa. Una reorganización completa, con el mercado en plena sacudida pospandemia y el equipo de ventas «a lo Titanic sin banda sonora».

La frase exacta del CEO fue: «Necesitamos una mirada nueva, más empática. Y tú eres perfecta para liderar este cambio, Marga».

Ella, por supuesto, en ese momento se hinchó como un globo: «Por fin han visto mi capacidad de liderazgo, a pesar de estar con una mano en el teclado y la otra en la papilla de Alejandro». «David, ¡¡que me ascienden!!», —le dijo aquel día a mi cuñado eufórica. Bueno, a mi cuñado y a toda la familia —.

Spoiler: no era exactamente un reconocimiento. Era un traspaso elegante del ya conocido marroncete —o *brownie*—. Era algo así como… ¿no querías liderar? Pues aquí tienes doble ración de carne, bien churruscadita.

Así que, sin saberlo, se convirtió en un ejemplo de libro de lo que luego descubrió que se llamaba acantilado de cristal. Que suena muy bonito, pero en realidad es un drama, Mari: te dan el mando cuando todo está a punto de estallar, y si se hunde, pues ya sabes lo que hay… fue culpa de la capitana.

En una de las primeras reuniones, nada menos que el vicepresidente le dijo, con una sonrisita: «Menos mal que estás tú, Marga. Con esa mano izquierda… tú sí vas a saber calmar las aguas».

Y es que nos colocan el cartelito de «buenas gestoras de crisis» como si fuéramos Mary Poppins con un máster en Harvard. Nos atribuyen esa capacidad natural para conectar y contener desastres, y *voilà*! nos traspasan el marrón. Y nosotras, sin pensarlo demasiado y sintiendo que por fin han reconocido nuestro brilli profesional, entramos como un toro de Miura.

Si sale bien, ni tan mal. Si sale mal, ya sabemos el titular: «Claro, necesitábamos otro perfil más fuerte».

En fin, la cosa no queda ahí… y es que, una vez asumido el reto, Marga se encuentra con otra joyita corporativa: le dan el cargo, pero no el presupuesto. La firma, pero no el respaldo. Las tareas, pero no la estructura correspondiente ni el poder de decisión real. Es decir, no hay galones ni apuesta de verdad.

Y cuando no hay pasta, entramos en otro clásico: «Vamos viendo, Marga; con tu creatividad, seguro que encuentras cómo hacerlo. Eres la mejor».

Y así va todos los días a trabajar: una mujer preparada hasta los dientes, pero colocada en un escenario imposible. Admirada en LinkedIn, pero al borde de un ataque de nervios en privado. Y con un miedo atroz por no cumplir lo inalcanzable y pagarlo con su reputación.

En resumen: que a mi hermana le han dado un unicornio que no vuela. Pero ni a la de tres.

Marga, hermana, estamos contigo.

Aprendizajes desde el Titanic

☑ **No todos los ascensos son victorias**
Algunos llegan con fanfarria y flores, pero esconden un barco a la deriva. Antes de celebrar, pregúntate: ¿me están dando confianza, medios y autoridad, o un chaleco salvavidas?

☑ **El acantilado de cristal no brilla: corta**
A veces venden «confianza en el liderazgo femenino», pero nos colocan al borde del precipicio cuando todo tiembla. Si el barco se está hundiendo, ojo: el titular ya está escrito —«fue culpa de la capitana»—.

☑ **No confundas visibilidad con poder**
Un título sin presupuesto, sin estructura y sin autoridad real ni reconocida públicamente es solo un decorado corporativo. El liderazgo sin recursos es un espejismo con un LinkedIn reluciente y noches sin dormir.

☑ **La empatía no es un extintor de incendios**
Que seamos buenas gestionando personas no nos convierte en escudos humanos frente al caos. La empatía sin respaldo institucional se quema rápido y siempre deja cenizas personales.

☑ **No aceptes el marrón envuelto en purpurina**
El «eres la persona ideal para esto» puede ser la antesala del síndrome de burnout. Antes de subirte al barco, asegúrate de que flota. No todo desafío es una oportunidad.

La sororidad no es una palabra bonita: es una práctica exigente. Si alguna vez has sentido que otra mujer te veía como amenaza, o tú a ella, léelo. Porque el futuro del liderazgo femenino depende de que dejemos de clavarnos aguijones y cambiemos el yo por el nosotras.

¿ABEJA REINA O HADA MADRINA?

Sororidad práctica para multiplicar talento femenino

«Las mujeres sois malas entre vosotras».

Cuánto me duele escuchar esta frase y cuánta polémica hay en torno a ella.

Pero, como todo, cada una opina según su experiencia. Y, obviamente, ni todos los hombres son machirulos ni todas las mujeres bruixas, pero haberlas, haylas.

Negarlo no es echar tierra sobre el universo femenino: es ser realista. En mi caso, por ejemplo, sí puedo decir que he sufrido el aguijonazo de alguna reinona de forma directa y que veo a menudo cómo actúan otras.

Y se lo digo a mi vecina Kenia en el parque, que no está muy de acuerdo conmigo, o no lo ve así, por aquello de no echar tierra sobre nuestro propio tejado. «Chica, de verdad, que me encantaría decir que en mi carrera no me he encontrado falta de sororidad, pero te mentiría».

Y sí, hay mujeres que ven el éxito ajeno de otra mujer como una amenaza directa y viven en guerra perpetua porque, en su hábitat, solo hay sitio para una. Incluso aunque ellas mismas hayan vivido en algún momento esa misma discriminación.

Pero, afortunadamente, igual que afirmo que, si han existido abejas reinonas en mi camino, presumo también de haberme encontrado con muchas más hadas madrinas. De las que aúpan, ayudan de verdad y se alegran infinito de tus logros. Y eso sí que es una lotería: estar bien rodeada. En los luminosos y en las trincheras también. Que ya sabemos que, en los momentos de estrellato, siempre hay más gente que en los momentos estrellados.

Recuerdo perfectamente cuando entré, con treinta y dos años, en una consultora: la primera vez que me topé con una abeja reina. No llevaba corona, pero su mirada de arriba abajo y su sonrisa forzada fueron suficientes para marcar territorio. La escena me recordó a una de mis pelis favoritas y a su protagonista, Miranda Priestly en *El diablo se viste de Prada*, pero sin el vestido de Prada.

Yo acababa de entrar con toda la ilusión del mundo y ese brillo en los ojos que te delata, y ella me recibió con un «encantada» que sonó más a «te vigilo» que a otra cosa. Y vaya si lo hizo… Durante meses, cualquier iniciativa mía era casualmente interrumpida, corregida o, peor, sobretitulada por ella.

En aquel momento pensé que era algo personal. Chica, no puedes tener química con todo el mundo. Pero, con el tiempo, entendí que no. Y que eso tenía nombre: el síndrome de la abeja reina (o el de las inseguridades máximas). Un comportamiento en el que una mujer en posición de poder no solo no apoya a otra, sino que le pone trabas para que también brille; algo que, curiosamente, no suele hacer con los hombres. A ellos, todo elogios. A ellas, examen continuo.

En un café de Vanitatis para directivas, hablando del tema, dijeron algo que me quedó grabado: «Nos educaron para competir por la aprobación, por los recursos, y esa mentalidad de escasez la trasladamos al trabajo». Me hizo pensar mucho, y puede que tengan razón. Que tengamos metido en el coco que el éxito es una tarta tan pequeña que, si otra se lleva un trozo, tú te quedas con las migas. Y lo que hay que hacer es, de una vez por todas, desterrar esta idea de nuestras cabezas.

Y venga, para ser sincera. Que una no es ejemplo de nada. Voy a confesar que una vez me descubrí a mí misma sobreevaluando a Paula, una técnico de mi equipo buenísima, con ese filtro invisible y maldito de qué buena es la jodía, a ver si me va a hacer sombra. Cuando me di cuenta de mi pensamiento, el golpe de realidad fue incómodo, porque me vi creciendo el aguijón en el culo y repitiendo el patrón que tanto había criticado.

Y decidí romperlo. Y pelear para que mis inseguridades no afectaran a Paula. Espabila, Alicia, es tu problema, no el suyo. Soluciónalo tú.

A día de hoy puedo decir que Paula no solo no me ha quitado luz, sino que la ha multiplicado: la mía, la suya y la de todo el equipo. Llegará muy lejos.

La palabra sororidad es muy bonita y muy de fuegos artificiales. Hoy en día está de moda. Pero va mucho más allá de una línea editorial, de salir en la foto de un evento de liderazgo femenino o de publicar un artículo en LinkedIn con más de mil *likes*. Va del día a día.

Va de aupar y abrir puertas a otras mujeres, de dar buenos consejos a tiempo basados en la experiencia, de mentorizar a las más jóvenes, de favorecer contactos y oportunidades o, en su versión más simple, de no poner palos en las ruedas. De estar ahí cuando nadie aplaude a la compañera que ha tenido un traspié.

Los resultados son indiscutibles. Ayer, McKinsey & Lean publicaba que en 2024 los equipos liderados por mujeres con alta sororidad tenían un 34 % más de retención de talento femenino y un 22 % más de innovación.

Traducción: cuando nos apoyamos, nosotras ganamos, y el negocio también.

La alianza sincera es lo que de verdad construirá un liderazgo sostenible: hay que pasar de ser reinas a ser arquitectas de puentes para que otras crucen.

Y tú, ¿cuántas veces en tu carrera has sentido el aguijón de una abeja reina… y cuántas veces te has asegurado de no ser tú quien lo lleve?

Aprendizajes desde el panal

☑ **La sororidad no se predica: se practica**
No basta con aplaudir en foros de liderazgo femenino o publicar frases de empoderamiento. La verdadera sororidad se demuestra cuando abres puertas, compartes contactos o das la cara por otra mujer cuando nadie lo hace.

☑ **El síndrome de la abeja reina nace del miedo, no del poder**
Quien necesita apagar luces ajenas no brilla: sobrevive. La inseguridad mal gestionada se disfraza de control, y eso no es liderazgo femenino: es miedo con tacones.

☑ **El éxito no es una tarta con porciones limitadas**
Nos enseñaron que, si otra mujer gana, tú pierdes. Falso. Cuando una asciende, el techo se eleva para todas. La abundancia empieza cuando dejamos de competir y empezamos a compartir el escenario.

☑ **La sororidad también empieza en el espejo**
A veces el aguijón no viene de fuera, sino de dentro. Detectar esa vocecita que evalúa, compara o teme perder protagonismo es esencial. La autoconciencia también es un gran acto de sororidad.

☑ **No necesitamos más reinas. Necesitamos arquitectas de puentes**
El liderazgo femenino del futuro no se impone, se expande. No se trata de tener el trono, sino de construir caminos para que todas lleguemos más lejos, más rápido y con menos heridas.

🔖 **Cuando nos apoyamos, ganamos todas. Cuando competimos, se nos caen las alas.**

A veces, estar sola no significa estar perdida,
sino estar en camino de encontrarte, por eso,
también es aprender a caminar sola, con el vértigo
de las decisiones y la certeza de que la verdadera
fuerza es seguir avanzando.

SOLA ANTE EL PELIGRO

La soledad de la líder y el peso de las decisiones

Nadie te cuenta que ser directiva es un deporte de riesgo... y, por lo tanto, no te entregan un casco, ni protecciones, ni chaleco antibalas.

La reunión de esta mañana se suponía tranquila: gráficos, números, estrategias, *KPI*, comentarios cordiales... Hasta que llegó el momento de decidir, y ahí estaba yo, con mi inseparable taza de café, intentando que mi sonrisa pareciera segura mientras mi corazón hacía *sprints* propios de una Olimpiada. Porque, seamos sinceros: en esos instantes, estás sola. Absolutamente sola.

Los demás opinan, asienten, incluso lanzan alguna que otra frase motivadora: "Confío en tu criterio", "haz lo que creas mejor", "tú conoces bien al cliente..."; mientras a ti te recorre la sensación de que, si algo sale mal, te van a mirar como si hubieras activado el botón del pánico. Algo que solo sientes tú. Como en esas películas de acción donde la protagonista atraviesa un campo minado y cada paso es un atreverse a riesgo de explotar.

Volviendo a la reunión: mientras asentía a las preguntas de los demás, en mi cabeza desfilaban todos los posibles desastres, desde el cliente descontento hasta el proyecto que se cae por completo. Y es que esto no lo enseñan en la universidad ni en ninguna escuela de negocios. Esto es supervivencia ejecutiva pura y dura.

Al terminar, respiré hondo, con los músculos tensos, la adrenalina bajando y un pensamiento muy claro: la soledad es la compañera invisible de todas las decisiones grandes. Y aunque esto puede sonar un poco drama queen, no lo es; es un recordatorio tan cierto como real.

La soledad no es falta de compañía, sino la conciencia de que cada paso, cada elección, es solo tuya. Que, aunque delegues, aunque hables con tu equipo, aunque informes al consejo, nadie puede llevar tu mochila. Y, a veces, eso pesa más que cualquier informe o reunión.

Y, por aquello de que "lo que no te mata te hace más fuerte", esta soledad tiene su punto heroico: te hace más ágil, más astuta y hasta más capaz de reírte de tus propios miedos sin que los otros lo noten. En ocasiones es como vivir dentro de mi propio cómic: Alicia, la directiva indestructible.

Al final, la vida de ejecutiva también tiene su banda sonora y su temazo estrella: *I Will Survive*.

Aprendizajes cuando decides sola estando bien acompañada

La soledad del liderazgo no es vacío, es claridad e independencia
Cuando lideras, hay momentos en los que nadie puede decidir por ti. Esa "soledad" no es un aislamiento emocional; es un silencio fértil. Alejarte del ruido ayuda a escuchar tu propia voz.

Quien decide y confía en sus decisiones nunca está del todo sola
Cuando sabes escuchar y escucharte, encuentras a las personas adecuadas que se convierten en eco, no en sombra. Tu equipo confía en ti cuando tú confías en tus decisiones.

El respeto llega cuando dejas de buscar la aprobación
Intentar agradar desgasta y, además, diluye tu identidad. El respeto auténtico nace cuando expresas tus convicciones sin pedir perdón por ello. Cuando eres fiel a ti misma, el respeto se genera de forma natural.

El valor de la soledad es un espacio para el autoconocimiento
Estar sola no es sinónimo de estar vacía o incompleta; es una oportunidad para conectar contigo misma. En ese espacio de quietud es donde surgen las respuestas que muchas veces buscas en la opinión de otros. En soledad no solo se aprende a liderar, sino también a liderarse.

Elegir por ti misma te enseña a ponerte en valor
Cada vez que superas un reto o tomas una decisión en soledad, construyes una base más sólida para afrontar futuros desafíos. Detrás de cada vivencia hay muchas supervivencias.

Si crees que liderar es saberlo todo, este capítulo te va a desmontar (con cariño). Porque en la nueva era, el poder no está en tener las respuestas, sino en hacer las preguntas correctas… incluso a tu becario.

CRÓNICA DE UNA DIRECTIVA EN PLENO RESETEO

Mentalidad abierta para liderar la nueva era

La otra mañana, mientras me ponía el corrector con una mano y respondía correos con la otra (sí, *multitasking* nivel ninja), mi hijo Marcos me preguntó si yo también tenía becarios.

Le contesté que sí, que se llamaban Mariano y ChatGPT, alias Chati.

Él se rió, sin entender mucho, pero esto tiene su historia.

Todo empezó hace un par de meses. Tenía una presentación importante para el comité de dirección. La típica en la que el CEO se apoya en ti para que el *storytelling* le salve la estrategia. Y yo, como buena alumna del *powerpointismo* corporativo, ya tenía una idea clara. Pero me faltaba tiempo. Y creatividad. Y ganas, si te soy sincera. Para variar, estaba agotada.

Entonces fue cuando Mariano, un becario de veintidós años recién aterrizado en el equipo, me dijo sin pestañear:

—¿Te ayudo a montarla con IA? Yo uso ChatGPT y Midjourney todo el tiempo.

En mi cabeza escuché la voz de mi yo más cínica susurrándome: Ay, Alicia, qué bajo has caído, pidiendo ayuda al becario para algo del *CEO*... Pero en voz alta dije:

—Perfecto, Mariano. Pero sin condescendencia, ¿eh? Que te recuerdo que soy digital desde que tu aún estabas en pañales.

El chico fue un sol. Me explicó con una claridad pasmosa cómo estructurar un *prompt* y cómo alimentar al bicho. Resultado: en cuarenta minutos teníamos una presentación que parecía hecha por Walt Disney.

Yo estaba fascinada, claro. Pero lo que me dejó pensando no fue solo la tecnología, sino la dinámica que se había producido: él enseñándome a mí. No al revés.

Ese día, al acabar la presentación —que, dicho sea de paso, fue un éxito—, me encontré en una encrucijada silenciosa. Una parte de mí quería volver a mi zona de confort: donde yo era la experta, la que mentorizaba, la que guiaba. Pero otra parte, más curiosa y más cansada de fingir omnipotencia, me decía: ¿Y si ahora toca aprender desde otro lugar?

La verdad es que llevábamos años hablando de *mentoring* en la empresa, pero siempre desde el sénior al junior. Como si la experiencia solo pudiera ir en una dirección. Pero lo que yo viví con Mariano fue otra cosa: fue humildad compartida. Fue confianza mutua.

Y ahí empezó algo. No una transformación radical ni fuegos artificiales. Pero sí un pequeño cambio de mirada. Un click que me hizo revisar ciertas creencias que venía arrastrando como quien lleva tacones demasiado tiempo: con estilo, sí, pero también con un pelín de dolor.

Una semana después, Enci, otra compañera del comité —más sénior que yo—, soltó en plena reunión:

—A mí eso de la inteligencia artificial no me inspira confianza.

Y mientras ella lo decía con tono firme y autoridad de PowerPoint 2007, yo pensaba: Pues a mí me ha salvado la mañana. Y la noche. Y probablemente esta reunión.

Fue en ese momento cuando comprendí que no estamos discutiendo sobre tecnología, sino sobre mentalidad. Que no es solo una brecha generacional, sino una brecha emocional: entre quienes creen que perder el control es fracasar… y quienes saben que soltarlo, a veces, es la mejor manera de avanzar.

Así que ojo: no es una cuestión de edad, es una cuestión de mentalidad.

Desde entonces, he tenido varias sesiones informales de *mentoring* inverso con Mariano y con otros jóvenes del equipo. Les pregunto, los escucho, les mato a preguntas que para ellos son "obvio", me hago mis chuletas y a veces no entiendo la mitad de lo que dicen... pero no pasa nada.

Porque cuando les hablo yo de propósito, de criterio, de estrategia o de proyectos grandiosos que hemos sacado adelante —sin ChatGPT—, ellos también se quedan con cara de ayuwoki. Y también aprenden. Pa chula, yo.

Lo fascinante es que lo que antes se consideraba una cadena de mando hoy se está volviendo una red de intercambio de conocimiento. Y, sinceramente, creo que ahí está la revolución más potente: que nos atrevamos a aprender los unos de los otros, sin importar si tenemos veinticinco o cincuenta y cinco.

Y aquí va otra confesión: desde que empecé a dejarme enseñar, lidero mejor. Me enfado menos. Me siento más libre. Menos impostora. Más estratega. Y más joven, porque todo se pega. Y la juventud también.

Y lo que no sé, lo pregunto.

Lo que no domino, lo aprendo.

Y lo que sí sé (porque lo he vivido y lo he sudado), lo comparto. Es mi legado.

Y todo eso, queridas mías, también es liderazgo.

Aprendizajes de una líder convertida en eterna becaria

☑ **Estudiar ya es para toda la vida**
Aceptar que un *junior* te enseñe no te debilita, te humaniza. Aprender desde la humildad es una nueva forma de liderar con grandeza.

☑ **La IA no es solo una herramienta, es una prueba de mentalidad**
No se trata de dominar tecnología, sino de saber soltar el control y atreverse a experimentar. La resistencia no es técnica: es emocional.

☑ **El mentoring ya no es vertical, es circular**
Cuando la experiencia se comparte en doble dirección, nace un aprendizaje poderoso y genuino. Todos tenemos algo que enseñar... y mucho que aprender.

☑ **La jerarquía no garantiza el criterio, ni la juventud la irreverencia**
La verdadera innovación sucede cuando el talento se mezcla, no cuando se ordena por edad. La colaboración intergeneracional es el nuevo superpoder.

☑ **Dejarse enseñar te libera (y te convierte en mejor líder)**
Soltar la máscara de experta te acerca a tu equipo, a tu propósito y a ti misma. Liderar es también saber cuándo dejarse guiar.

Cada etapa tiene su fuerza, su ritmo y su voz,
solo tienes que escucharla y aceptarla, porque no
se trata de ser futuro ni pasado: eres el presente,
el regalo que sostiene a ambos.

———

NI JOVEN PROMESA NI VIEJA GLORIA

Rompiendo barreras del edadismo

Últimamente tengo la sensación de que, en la oficina, he pasado a formar parte de una especie en peligro de extinción, digna de estudio.

Los "señores" de arriba, los de siempre, quienes aún me tratan con cierto tono paternalista y mirada de "qué bien te conservas"... Y los de abajo, los nuevos, que me ven como si yo hubiera hecho mis primeras campañas con máquina de escribir, fax y palomas mensajeras.

Y entre los de arriba y los de abajo, ahí estoy yo, sorteando la quinta planta como si fuera un milagro estadístico. Demasiado joven para que me jubilen, demasiado mayor para que me vean como "el futuro". Vamos, que soy el presente, aunque eso parezca no interesarle a nadie...

El otro día, en una reunión, uno de los nuevos me dijo con toda su buena intención:

—Alicia, tú que llevas más tiempo, ¿cómo hacíais esto antes?

Y yo pensé: ¿Antes de qué? ¿De la Revolución industrial? ¿De la electricidad? ¿De los ordenadores? ¿De la *wifi*?

Pero sonreí y contesté:

—Pues mira, igual que ahora: con ideas, ganas, ilusión, cafés —muchos de ellos fríos—, muuuuuucha creatividad y trabajo para cumplir con *deadlines* imposibles (que también los había). Lo bueno es que ahora, además, tenemos GIFs en los PowerPoints, *emojis* en los *emails* y ChatGPT participa en cada *brainstorming*.

Y entre tanto, ahí estoy yo, entre el "qué inspirador que sigas tan activa" y "wow, tienes TikTok"; despejando la X entre *boomers* sorprendidos por seguir teniendo ganas e ideas y zetas boquiabiertos ante mis capacidades digitales.

No deja de ser una paradoja maravillosa: cuando no llegaba a treinta, me decían que era demasiado joven para ciertas responsabilidades y ahora, con alguna década más, hay quien cree que debería "dar paso a otros". Como si el tiempo ideal de una mujer directiva tuviese una duración exacta y, a ser posible, que no exceda de diecisiete minutos, por ejemplo.

Supongo que lo que no termina de entenderse es que liderar no es cuestión de años, sino de actitud, de cualidades y habilidades. He visto muchos de 25 con horchata en las venas y otros de 60 con más energía que un grupo de *trainees* recién salidos del máster.

Por eso, he decidido dejar de justificarme y de pedir perdón. He llegado a la conclusión de que el edadismo no son "los otros", también somos nosotras cuando dudamos, cuando pensamos que ya no toca, que somos demasiado mayores, que los que vienen son demasiado jóvenes… La edad es un dato; por eso, la experiencia te hace más ágil, más resolutiva, distingues lo urgente de lo importante y, lo mejor, te convierte en inmune a las tonterías y a los tontos. Así que no, no voy a dejarme fuera del juego por cumplir años ni voy a consentir que me dejen.

¡Ah! Y para que no haya dudas, no soy un yogur, por lo tanto, ni me conservo bien ni estoy caducada.

Aprendizajes de sumar años de vida poniéndole vida a los años

☑ **Liderar no es cuestión de edad**
El liderazgo no lo define tu fecha de nacimiento sino la capacidad para adaptarte, escuchar, decidir y evolucionar. Hay jóvenes agotadas y veteranas incombustibles.

☑ **Somos porque fuimos**
La experiencia no caduca, se forma a través de los años y no pesa, te sostiene. Cada década añade un filtro que te hace más selectiva para distinguir: lo importante, lo urgente y lo irrelevante.

☑ **El edadismo empieza cuando tú misma te crees que ya se ha pasado tu tiempo. ¡No caigas en la trampa!**
No te arrincones ni te dejes arrinconar. Ocupa tu espacio. La edad no es un límite solo te da contexto. Y, en verdad, que no pase nada es lo peor que te puede pasar, incluidos los años.

☑ **La madurez profesional no resta frescura: la enfoca**
En tiempos de inmediatez el poso de la madurez te enseña a mirar con perspectiva. Ya no necesitas correr más porque sabes correr mejor y eso, es un puntazo a tu favor. Eres la misma pero no la de antes eres la de antes.

☑ **Estás en tu mejor momento**
Lo que antes era intuición ahora es intención. Avanzas con una seguridad y con la experiencia como brújula, no como excusa. Vamos, no solo tienes kilómetros: también tienes dirección.

Puedes ser un diamante en bruto, pero si estás metida en el cajón de la oficina… no brillas. Sal de ahí, haz que te vean y comunica lo que haces como lo haría nuestra Pepa Gea en un *prime time*. Lee esto. A ti "te renta". A tu compañía, aún más.

SI NO ESTÁS EN LA SALA, NO ESTÁS EN LA DECISIÓN (NI EN LA FOTO)

Networking estratégico para estar en la decisión

—¿*Networking*? Pues anda que no tengo cosas que hacer… en horario laboral y en lo que no es horario laboral —me dijo Mariví cuando la invité a venir conmigo a Lisboa a un evento sectorial de los más importantes a nivel mundial.

Y tengo que reconocer que a mí me daba un perezón enorme también, por la logística que supone desaparecer un par de días de casa. Pero, chica, de vez en cuando escuchar tendencias, intercambiar casos de negocio, conocer a otros profesionales y oxigenarse un poco debería ser algo que se celebra y se aprovecha, no que se evita.

Pero claro, está doña Pereza por un lado y la Pepita Grilla de las narices por otro, saboteando tu escapada solitaria. Porque "nadie va a hacer las cosas como tú, ni dentro ni fuera de casa". Pues yo esa batalla ya la tengo superada. Que le den a Pepita, que yo me largo. Y me fui. Y sobreviví. Y mi casa y mi departamento también.

Mira que podía haberme llevado a cualquier persona de mi equipo. Hubiera sido la mar de cómodo y más divertido: compañeras de viaje, de café y de escapada. Pero no se dio el caso, porque todo se cerró en el último momento. Y justo eso me hizo salir de mi zona de confort, reflexionar y crecer unos centímetros de madurez profesional.

La experiencia fue tensa. De hecho, cuando cogí el vuelo de vuelta venía pensando en Sheryl Sandberg y su popular *Done is better than perfect* («Hecho mejor que perfecto»). Pero venía feliz.

Cuando llegué al congreso, todo estaba a pedir de boca: organización, ponentes y mesas redondas de diez. Yo, con un ojo en los casos de éxito y otro en la bandeja de entrada, en la soledad de mi butaca. Pero llegó la pausa del café, y ahí estaba yo, sin conocer a nadie y, por supuesto, con un discurso sobre mí y sobre mi empresa absolutamente improvisado.

Salí del auditorio, fui al baño y me retoqué el rímel (todo para hacer tiempo). Salí, miré el móvil para hacer tiempo, dos cafés seguidos, tres sonrisas forzadas a distancia… y, ¡por fin!, una mujer encantadora se me acercó y rompió el hielo:

—Hola, soy Verónica, de SingularBrands. ¿No nos conocemos, verdad? ¿Y tú qué haces? ¿De dónde vienes?

Le respondí algo así como:

—Bueno, ya sabes, lo que hacemos todos por aquí… *marketing*, campañas, estrategia, cosas.

(Vale, Alicia, te has lucido: cero brillo, cero intención).

Ella, en cambio, en treinta segundos me explicó lo que hacía su empresa, lo que les diferenciaba y cómo podrían colaborar conmigo. Brilló más que el anillo de diamantes de Georgina, la muy chula.

Al mes siguiente estaba firmando un contrato con su agencia. Chim pum.

Esa noche, en el hotel, escribí en mi libreta de Cosas que agradecer y aprendizajes, con letras grandes:

«No basta con ser brillante en tu trabajo. Hay que saber contar lo que haces, cómo lo haces y por qué lo haces (y de paso, por qué deberían llamarte). Y brillar por fuera también».

A veces confundimos visibilidad con vanidad. Y no. No se trata de postureo, se trata de que, si no estás en el mapa, nadie te encuentra. Desde entonces decidí que hablar de mi trabajo no era ego, era estrategia. Y tampoco era venta oliendo a humo: era realidad. Era contar lo que hacía bien. Y eso hay que normalizarlo.

Cuando volví de aquella escapada a Lisboa, entré en modo Eventos-ON. Porque, a pesar de la tensión y la inexperiencia, sabía que era lo correcto y que tenía que entrenarlo. Y durante un tiempo, aceptaba cualquier invitación. Un martes desayunaba con emprendedoras de cosmética natural. El jueves, con expertos en inteligencia artificial. Y en una de esas, acabé en un *afterwork* de *fintechs* sin *fintechs*. Solo había vino (que no está mal, pero no era mi objetivo). Y mientras tanto, los mails como la Torre de Pisa. Hasta que me di cuenta de que algo no estaba funcionando.

Lo comenté con mi mentora Eva —que de esto sabe un rato— y aprendí que hacer *networking* profesional implica estrategia:

¿Está allí mi cliente? ¿Mi futuro jefe? ¿Mi aliada? ¿La periodista que puede contar mi historia o el proyecto de mi compañía?

Si la respuesta es sí, no hay mucho que pensar. "Me renta", como dicen mis hijos.

Si la respuesta es no… *darling*, mi tiempo es oro (y el de mi familia también).

Pero tejer una red de contactos renta, y mucho. A nivel personal y también profesional.

De hecho, hace nada leí un informe de McKinsey que revelaba que el 50% de los ascensos a posiciones directivas en Europa se cierran por contacto directo y no llegan ni a publicarse. Mi reacción fue una mezcla entre envidia sana y un ataque de pánico: ¿cuántas oportunidades me estaría perdiendo por no salir de mi oficina?

Me repito esta cifra cada vez que me entra pereza de ir a un evento. Porque quizás no se trata de estar en todos los sitios, sino de estar donde importa y hacer que te recuerden cuando no estás.

Te digo lo que le dije a Mariví:

Si sigues pensando que ir a eventos no es tu trabajo, mientras otros hablan por ti, se mantienen conectados y cierran acuerdos tomando café… luego no digas que no te lo advertí.

Alicia.

Aprendizajes desde el baño de Lisboa

☑ **La visibilidad es una palanca de poder**
Si no te ven, no existes. Y si no existes, no decides ni influencias.
Mostrar lo que haces no es ego, es liderazgo.

☑ **Hablar de tu trabajo no es vanidad: es posicionamiento**
Las oportunidades no caen del cielo: se activan cuando las personas
adecuadas saben quién eres, qué haces y por qué eres relevante.

☑ **Improvisar está bien... hasta que te das cuenta de lo que perdiste
por no prepararte**
Tener un buen *pitch* y trabajar la comunicación puede marcar la
diferencia entre pasar desapercibida o cerrar una oportunidad.

☑ **Escuchar también es comunicar**
En el *networking*, escuchar con intención te da acceso a información
privilegiada y genera confianza real. A veces no necesitas hablar más,
sino afinar el oído.

☑ **El tiempo no se estira, así que elige dónde estar con cabeza**
No se trata de ir a todo, sino de ir donde está tu cliente, tu aliada o tu
siguiente paso profesional. La pereza se vence con propósito.

🔖 **No se trata de estar en todas partes, sino de estar donde importa. Si
aún crees que el *networking* es postureo con canapé, ya ves que no.**

Liderar implica ser tú misma aunque el mundo te pida que te disfraces, porque... ser auténtica no es un acto de rebeldía, es coherencia.

CON DOS TACONES

Liderar con autenticidad en femenino

Hoy me he puesto tacones para una reunión importante. No porque los necesite (mi seguridad no depende de ocho centímetros), sino porque, desde niña, me encantan los zapatos y, especialmente, estos. Me gusta cómo me hacen sentir: más alta, más segura, más elegante, un poco más poderosa, quizás, y, sobre todo, ¡auténticamente yo!

Y, sin embargo, mientras caminaba por el pasillo, noté esas miradas sutiles que parecen decir: "A ver si esta viene a desfilar o a trabajar".

Hay algo entre paradójico y curioso: si llevas traje sastre y voz firme, eres fría. Si sonríes y te pones un perfume con notas de jazmín, eres demasiado femenina. Como si respeto y carmín rojo no fueran compatibles, o como si feminidad y liderazgo estuvieran reñidos.

Recuerdo mis primeros años en el mundo corporativo, cuando me esforzaba en disimular todo lo que me hacía parecer lo que soy: una mujer. Trajes anodinos, botines planos, mocasines, tonos neutros, una hidratante con color y brillo de labios, leve sonrisa, emociones contenidas… Creía que, para ganarme el respeto o para encajar, tenía que convertirme en otra, casi un holograma sin curvas ni matices. Sería por aquello que tantas veces había escuchado: "Tú, discreta, no llames la atención"; una versión suavizada del "calladita estás más guapa".

Como casi siempre, hay un día que supone un punto de inflexión. En mi caso, lo recuerdo perfectamente. Fue en una presentación de resultados ante el comité: decidí ir con un vestido rojo de piel. Lo pensé mil veces, lo dudé un millón, pero finalmente me lo puse. Y, ¡oh, sorpresa!, nadie se desmayó, el mundo siguió girando y, de hecho, la reunión fue un éxito. Ese día entendí que no hacía falta disfrazarme de hombre para ganarme el respeto ni aparentar lo que no era. Mi seguridad y profesionalidad dependen de mí, de mi estilo, de lo que soy. Porque el liderazgo no es una cuestión de género.

Lo que pasa es que creemos, falsamente, que el poder tiene una estética, un tono, un modo… Nos piden firmeza sin dureza, empatía sin debilidad, liderazgo sin ruido, ambición, pero que no se note. Un difícil equilibrio frontalmente reñido con lo más valioso y único que tenemos: la autenticidad.

Afortunadamente, hoy sé que mi autoridad no depende de mis tacones, porque lo importante no es el zapato, sino la huella que dejo. Que puedo ser femenina, emocional, fuerte, decidida y, además, ser la mejor profesional. Que la autenticidad no resta poder, sino que lo multiplica.

Y, por suerte, ahora, además de mis tacones, tengo mis sneakers de confianza y la libertad de poder elegir. El respeto, la seguridad y la firmeza se ganan marcando el paso; lo de menos es el zapato.

Aprendizajes que dejan huella... sin pisar a nadie

☑ **El poder no está en los tacones, sino en decidir cuándo ponérselos**
El liderazgo no se mide en centímetros. Hay días de tacones, de zapatillas y otros para ir descalza. Tu fuerza está en la libertad de elegir. Cuando dejas de justificar tu forma de estar, empiezas a ocupar tu espacio.

☑ **La autenticidad y la seguridad tienen más autoridad que cualquier traje de chaqueta**
La autoridad está en cómo llevas una reunión no una *blazer*. No lideras pese a tu estilo, sino gracias a él. Quien lidera desde la autenticidad no va "vestida de líder": ES una LÍDER.

☑ **Liderar en femenino no es una debilidad: es una revolución silenciosa**
No dirigimos con golpes en la mesa sino con preguntas, escucha y una intuición que detecta grietas antes de que aparezcan. No es gritar más fuerte: es entender mejor.

☑ **No tienes que demostrar nada: solo hacer que las cosas pasen**
Una mujer que deja de justificar su silla empieza a mover montañas. La credibilidad se construye con decisiones y con hechos. La diferencia no te separa: te distingue.

☑ **No estás aquí para agradar**
Tu valor no depende de mimetizarte, sino de aportar tu mirada. Y no, calladita no estás más guapa.

El verdadero liderazgo no se mide solo en resultados.
Es aprender a equilibrar lo urgente y lo importante,
caminar sobre un hilo invisible: sostener equipos,
cuidar familias sin caerte de ti misma ni perderte
en tu propio caos.

LA EQUILIBRISTA

Navegar entre familia, trabajo, algoritmo y vida propia

El *mail* llegó un martes a las 7:02:
"¡Enhorabuena, Alicia! Eres *Top Voice* de LinkedIn. ¡Una de las voces más influyentes del año!"

Y ahí estaba yo, en la cocina, con una camiseta manchada de café, el moño improvisado de las siete de la mañana y el portátil apoyado en la encimera mientras preparaba el desayuno y respondía un correo urgente. Me reía pensando: influyente, sí, será en logística doméstica, con esta pinta.

Mi móvil empezó a echar humo con mensajes, menciones, aplausos, corazones azules y fueguitos varios.

"¡Qué orgullo tenerte como referente, jefa!"

"Eres inspiración, Ali"

"¡Merecidísimo reconocimiento, estaba tardando!"

Mientras lo leía, sonreía agradecida. Me sentía orgullosa, feliz, agradecida, aunque también con una cierta sensación de cortocircuito interno. Porque, a la vez que me felicitaban por ser referente, inspirar y "dar voz a las mujeres líderes", yo estaba intentando que mi madre no se olvidara, otra vez, de tomarse la tensión, dejarle preparada su medicación del día y que mi hijo encontrara los calcetines del par correcto sin tener que ir yo.

Y, mientras me soltaba ese moño despeinado y me hacía la raya del ojo, fui totalmente consciente de que formo parte de una tribu silenciosa: la generación sándwich (pocas definiciones me parecen más exactas), esa de la que no se habla en los Consejos, ni aparece en un Excel, ni se mide en *KPIs*. Somos esa generación atrapada entre cuidar a los que están descubriendo la vida y a los que nos cuidaron mientras la descubríamos nosotros. Según datos de la Unión Europea, el 42 % de las mujeres en edad de trabajar cuidan de alguien de forma habitual —hijos, mayores, dependientes—, y una parte importante lo hace combinando varios cuidados a la vez.

La realidad es que el reloj biológico y el profesional se cruzan en el preciso momento en el que parece que por fin has llegado y, es entonces, cuando empieza el turno doble. Y tú, que eres una experta en planificación estratégica, te descubres haciendo un Excel vital con tres columnas: trabajo, hijos, padres, sin saber cómo añadir una cuarta: TÚ.

Me hace gracia eso de "los techos de cristal", porque a veces tengo la sensación de que, para romperlos, los tuviéramos que limpiar antes. El trabajo, las responsabilidades, los números no entienden de fiebre infantil, de desamores adolescentes ni de innumerables citas médicas y dudas tecnológicas de padres.

Es cierto que en LinkedIn todo brilla —yo, la líder, la que inspira, la que forma nuevos ejecutivos, la que sube al escenario con el micro inalámbrico y frases motivadoras, la de la brillante carrera—, pero también es una realidad que no llego ni a una reunión de padres y madres puntual, que me pongo siete alarmas para no olvidar la cita médica de mi madre y a que a todo ello llego, pero la mayoría de las veces sin aliento, respirando como si viniera de correr la Maratón de Nueva York.

Y, sin embargo, contra todo pronóstico, aquí estamos y seguimos: cumpliendo, resolviendo, sosteniendo y, pese al sentimiento de soledad que muchas veces nos atrapa, hay que reconocer que no estamos solas. Tenemos esa red de la que también forman parte los hombres que nos acompañan, los que no "ayudan", sino que hacen. Los que ya no ven el liderazgo femenino como una amenaza, sino como algo natural, la re-evolución. Y esos equipos, muchas veces invisibles y siempre imprescindibles, los que te recuerdan que liderar no es hacerlo todo, sino hacerlo con otros, quienes te siguen sin que tengas que decirles vamos.

Quizá el mayor aprendizaje de esta etapa es aceptar que liderar también es cuidarse. Que el éxito sin red, sin apoyo y sin descanso es una versión beta de la vida. Y que lo realmente inspirador no es la foto de los focos, sino la de después: cuando te quitas los tacones, te sueltas el moño y sigues al pie del cañón, esta vez sin filtro.

Así que sí, soy *Top Voice*. Y *Top* Taxi, *Top* Hija, *Top* Madre, *Top* compañera, *Top* Jefaza y… ¡*Top* Superviviente!, *of course*.

Y sí, también, soy *Top* Desastre. Cuando no tengo todo bajo control ni finjo tenerlo, porque justo ahí —entre la lavadora pitando, el café que se enfría, el correo sin leer, la medicación del día, el abrazo que te desarma, las guerras de cosquillas, el "gracias" mientras te cogen de la mano y el "te quiero" que te derrite— es donde, lejos de lo urgente, pasa lo verdaderamente importante.

Porque el liderazgo real es el de los equilibrios.

Aprendizajes entre algoritmos y cuidados

☑ **Cuidar también cansa, aunque no aparezca en los *KPIs*.**
Nos vendieron que la empatía era un don femenino, casi una habilidad innata, y la realidad es que es un trabajo emocional que nos consume. Reconocer el desgaste no es quejarse: es hacerte visible.

☑ **No hay liderazgo sostenible sin corresponsabilidad.**
Deja de ser la pirámide invertida y reparte el peso y las tareas para que el equipo se implique y avance unido en la misma dirección. Nota mental: La igualdad no es la meta es el camino.

☑ **La generación sándwich no está atrapada entre dos mundos.**
Existe una generación que actúa como un puente vital gestionando responsabilidades de cuidado y demostrando una inmensa capacidad de resiliencia y organización. Sostener y soltar también es liderar.

☑ **Ser equilibrista no es vivir al borde del abismo.**
Aceptar que no se puede con todo —ni falta que hace— es un aprendizaje necesario, porque priorizar también es un gesto de poder. No todo tiene la misma urgencia, por tanto, no merece la misma intensidad.

☑ **Delegar es un acto de autocuidado, no una renuncia.**
Tu tiempo y tu energía son recursos limitados y muy valiosos. Necesitas confiar en otros para no cargar con todo tu sola, sin culpa y con responsabilidad. No fallas por no estar siempre y en todo momento.

Epílogo
de Esther y María

Más de veinte años de carrera dan para mucho.

Para acumular éxitos, cicatrices y PowerPoints sin sentido.
Para sobrevivir a reuniones que pudieron —y debieron— ser un mail.
Para aprender a llorar en el baño sin que se corra el rímel (demasiado).

Y, sobre todo, para descubrir que el verdadero liderazgo, muchas veces, empieza en saber parar.

Nos conocimos en uno de esos momentos que la vida te regala envueltos en casualidad, pero que después descubres que tenían propósito. Fue en un «Taller de Liderazgo de Impacto» de Mercedes Wullich, inspiradora siempre y, como ella se denomina, «aceleradora de mujeres». Sin saber por qué, nos buscamos y, después del taller, terminamos en una cafetería con una Coca-Cola. Entre confidencias, risas y «súpervivencias», surgió la magia: una conexión de esas que trascienden la razón, como si nos conociésemos mucho antes de conocernos.

A partir de ese día nació una complicidad de las que no se fuerzan: la de dos mujeres que se reconocen, que se entienden sin explicaciones, que respetan sus tiempos y sus silencios, que se sostienen sin pedir permiso y que se impulsan entre torbellinos de ideas; las que se admiran, las que, lejos de apagarse, se iluminan y pierden el miedo a brillar.

Y, un tiempo más tarde, apareció Alicia. No la inventamos. La descubrimos.

Nació de cafés con amigas, de charlas en eventos, de audios de WhatsApp a deshoras y de esa complicidad que solo entienden las mujeres que lideran mientras la vida no para. Nació de escuchar. Y de darnos cuenta de que, cuando una mujer dice en bajito «yo también», todas respiramos un poco más tranquilas.

Pensábamos que teníamos muy claro quién era: una directiva brillante, líder, con mil frentes abiertos, con historias dentro de su historia y alguna que otra herida bien disimulada bajo su *blazer* y sorteada con el paso firme de sus tacones… y pronto nos dimos cuenta de que ella no solo estaba en las páginas de este libro, sino también en nosotras.

Alicia ha sido, sin pretenderlo, un espejo y una terapia compartida. Un poco de cada una, de todas las que alguna vez dudamos si estábamos a la altura, si merecíamos el lugar, si podíamos con todo sin dejar de ser nosotras mismas, si llegar suponía renunciar… con esa mezcla de inteligencia, ironía y autenticidad tan suya, tan nuestra.

Escribir sobre ella también ha sido escribirnos y recordar que no hay un itinerario perfecto, pero siempre hay un camino. Que liderar también es caerse, pedir ayuda, reírse del drama y celebrar lo cotidiano.

Entre llamadas infinitas, hilos de WhatsApp interminables, Teams a deshoras, cafés fríos, carcajadas y muchos «ay, amiga», nos dimos cuenta de que juntas estábamos construyendo algo tan poderoso como necesario para muchas mujeres que lideran, cuidan, dudan, brillan y se reinventan a diario y que, precisamente por eso, necesitan parar, saber que no están solas y verse por dentro a través de los ojos de Alicia.

Ha sido un esfuerzo tan titánico como gratificante. Robado a horas de sueño, de familia y de ocio, pero lleno de ilusión, entusiasmo, complicidad, risas y alguna lágrima —de felicidad, de gratitud y también, por qué no decirlo, de puro agotamiento—.

No vamos a confirmar ni desmentir si somos Alicia. Quizá lo fuimos. Quizá aún lo somos. A ratos. En distintas versiones. En distintos entornos. Con distintos tacones. A veces con voz. A veces callando. Como tú. Como tantas.

Porque Alicia ya no nos pertenece. Deja de ser «nuestra protagonista» para ser tuya y de todas las mujeres que habitan en ella.

Porque mientras haya mujeres liderando con alma, riéndose del caos y brillando a su manera… Alicia seguirá viva.

Gracias por llegar hasta aquí.

Y si quieres más Alicia —más historias, más verdades, más complicidad—, pídelas.

Mientras podamos contribuir a la causa, seguiremos escribiendo, observando y, sobre todo, escuchándote.

 ## Cuéntanos tus historias

 Amiga, ¡esta aventura no ha hecho más que empezar!
Estamos deseando que nos cuentes tus historias —que son y serán también las de Alicia—. Quedará entre nosotras...

Escríbenos a: **supervivenciasdeunajefaza@gmail.com**

A Marta, mi madre
Por tener siempre la palabra que sana, los brazos que sostienen, las manos que impulsan,
el amor que cuida y el corazón que es hogar.
Por enseñarme a sortear caminos de tierra y caminar por calles empedradas,
manteniendo el equilibrio y sin bajar de los tacones.

—Esther.

A mi madre, una jefaza que nunca necesitó un plan estratégico para liderar con cabeza y corazón, y que sigue dándome cada día las mejores lecciones de liderazgo… sin proponérselo.

A mis abuelas, que empujaron el mundo sin discursos, sin manuales y sin aplausos; solo con trabajo, coraje y una fe infinita en que sus hijas y nietas llegaríamos más lejos.

A mis sobrinas, que no vienen pisando fuerte: vienen a romper el suelo.

A mis amigas, todas ellas unas jefazas de la vida. Y a las compañeras y hadas madrinas que se han cruzado en mi camino para recordarme que la inspiración y el apoyo también se sirve en tazas de café, entre risas, confidencias y abrazos sinceros.

Y por supuesto a los hombres de mi vida:

A mi padre, el empresario más humano y auténtico que he conocido y de quien aprendí que la ambición y el éxito no están reñidos con la bondad.

A mi hermano, cómplice y referente al que admiro.
A mis hijos, Marcos y Yago, y a mis sobrinos: los hombres del futuro, porque el liderazgo del mañana no lleva etiquetas: se escribe entre iguales.

Y a Luis, mi partner in crime, y siempre mi máximo apoyo en todas mis aventuras y locuras.

—María.